kloine Wunder

~ verborgene Schätze ~

von
Wilfried Albeck & Dieter Schweizer

S'braucht
bloß an kloina Sonnaschtrahl
und scho öffna sich aus Wirklichkeita
ganz neue Welta –

fein und zerbrechlich,
vozaubert und einmalig.

Und innadrin voborga
liegt ganz schtill a bissle Zauberei...

kloine Wunder

Noch liegsch voschlofa in a paar schattige Schtella
und träumsch von alte Zeita.
Doch koiner hat Mitleid und lässt dr dei Ruah –
alle schimpfed se über de und naget an dr rum.

Drbei isch's no gar net so lang her, wo sich alle gfreut hent
wia'd ringsrum alles vozuckert hasch
und heut will koiner mehr ebbes von dr wissa –

so schnell ko's geh...

Heut hab i träumt, alles um mi rum
wär voschwomma, wär uwichtich.
D'Vögel hättet zwitschert und i wär mit'n gfloga –
so leicht wär i gwä.
Alles hätt i grad hinter mir lassa könna,
mei Ängschte, mei Zweifel, mei Gschäft.
Alles wär mr egal gwä – so frei,
ohne Voantwortung, ohne Aufgaba, ohne Vopflichtunga.

Dann bin i aufgwacht und hab gseh, wie eng und
beschränkt doch alles um mi rum isch –

zum Glück net in mir...

Schtill und bescheida,
hälinga und manchsmol über Nacht –

kloine Wunder lasset sich oifach net aufhalta.

Guat so !

~

Alles, was hälinga kommt bleibt von Dauer…

Grad wia von Zauberhand
schlupft alles aus de kloinschte Winkel
und wia von heut auf morga wird alles neu...

~

Wia oft sind's doch dia uscheinbare Sacha,
wo's Leba ausmachet...

Wer macht mir's Herz leicht und schwer?

Wer bringt mir ubändige Hitz und Schüttelfroscht in oim?

Wer hält mi fescht und lässt mi in dia höchschte Himmel fliaga?

Wer treibt mi um und bringt mir doch so tiefe Ruah?

...allaweil du!

Als Püpple in ra kloina Ritze voborga,
dr ganze lange Winter ausghalta,
schier umkomma vor Sehnsucht und Hunger –
und endlich, ganz langsam
mit'm samtene Kleid rausgschlupft
und alle Hoffnung gsetzt
in dr nächschte wärmende Sonnaschtrahl –

ins neue Leba...

Wenn mr laut naus schreit
guggt jeder her.

Wenn mr leis babbelt
intressiert's bloß no a paar.

Aber bloß ganz wenige könnet des seh,
was gar net gschwätzt wird...

S'däd
sich für Geld nix Schöner's kaufa lassa
und nix Koschtbarer's wär von Menschahand gmacht
und doch lieget se ugezählt vor oim –
– gschenkt – oifach so...

Zuversicht ko mr ohne weiteres
mit ma Samakorn vogleicha.

Des kloine Ding weiß net, wia's in dr Welt zuageht
und was es dort oba erwartet,
aber onnaweg nutzt es jede Glegaheit...

Wer net glei aufgibt
und d'Flinta ins Korn schmeißt,
der ko in jedem Ding –
und sei's au no so winzig,
a ganzes Häfele voll Gold finda...

*Erscht in dr Fremde
lernt mr zu schätza
wia guat mr's
drhoim doch hat...*

~

*Hoimweh lässt sich net voleugna –
s'schteckt fescht vowurzelt mittadrin...*

Wenn's von de Zweig schneit,
wenn d'Däg wärmer werdet und d'Nächt no küahl sind.
Wenn oim d'Sonn wieder Farb ins Gesicht bringt
und d'Schpatza s'gröschte Gschrei machet.
Wenn morgens dr Wald dampft
und über jedra warma Schtell dia kloine Mückla sirmlet.
Wenn's um oin rum mit jedra Schtund bunter wird
und jeder Morga an neua Duft hat.
Wenn's Wetter hebt und koin Froscht mehr kommt,

no blüaht mr selber auf...

Sich von ma Lichtblick zärtlich in Arm nehma lassa,
Sonnaküssla auf dr Nosaschpitz genießa.

Sich von Duftwoga wia von Samthandschuah schtreichla
und von warme Händ sachte in Himmel heba lassa.

Wia a klois Kind an all deine Voschprechunga glauba.

Frühling, heut bisch mr so nah –
komm, bleib no a bissle...

Wer moint, es könnt'm nix passiera,
er sei dr Gröschte auf dr Welt –

wer moint, er könnt voll Schtolz flaniera
und sich am liabschta selber gfällt –

wer moint, er häb mit große Schöpfer
Weisheit aus dr Schüssel gessa –

wer moint, er däd dia gröschte Höpfer
und koiner könnt sich mit'm messa –

wer so was moint, isch leicht vowirrt,
weil ois isch sicher –
denn der irrt…

S'oinzigschte,
was wächst,
was immer größer wird
und sich vomehrt,
je meh mr drvo ausgibt,
mit volle Händ austeilt und voschwendet –

isch die Liebe...

S'ko dr Kopf voll sei mit tausend Gedanka
und s'Herz voll mit tausend Sorga.

S'ko oim alles z'viel sei,
dass mr nix mehr will und nix mehr braucht –

aber a klois, liabs Wort
passt immer no nei...

Der isch arm,
der an Regaboga sieht,
an Sonnauntergang oder
sonscht irgendebbes bsonders Schön's
und niamerd hat,
dem'r drvo vozähla könnt...

Wia

langweilig wär's,

wenn auf dr Welt

immer bloß d'Sonn scheina däd…

Voll Kraft verströmen Blütenkelche ihre Düfte,
verschwenden sich im klaren Frühlingslicht,
es füllen sich mit Zuversicht die Maienlüfte –
den Tagen treiben Sommersprossen ins Gesicht.

Das Morgenrot ergießt sich breit in allen Hängen
und jeder Strauch trägt helles Vogellied,
die blauen Bänder schlüpfen aus den Zwängen
zum Wunderwerk,
das tausendfach geschieht...

Wer nirgends lang bleibt
isch meischt a gern gseh'ner Gascht.

~

S'wahre Glück lässt sich bloß durch's Weitergeba feschthalta...

Mr ko drüber denka wia mr will –

s'Wunderbare an de Wunder isch doch,
dass se oifach passiern....

Kleider aus Silberfäda,
Knöpf aus Edelschtoi
und a Funkla, wia wenn's Glück
in goldene Schtrahla mittadurch fließa däd –

so viel hängt
am seidena Fada...

Wenn mr sieht, wo überall
große und kloine Wunder wirka,
schtellt mr fescht,
dass au no heut
in jedem Ding
dia Schöpfung ihre Kreis zieht...

Bloß,
wenn dr Mensch au mol ruhich sei
und gschwind innehalta ko,
no wird'r vielleicht erkenna,
wie viel kloine Wunder
um'n rum sind...

Oi Schwalbe macht no koin Sommer
und oi Taube no koin Frieda.

Oi Flackern macht koi Feuer
und oi Krone no koin König.

Oi Rose macht koi Liebe
und an Noma alloi no lang koin Menscha.

Aber –
oi Glück macht alles vogessa...

Wer net alles zeigt,
was in'm schteckt –

der schteckt voller Überraschunga…

Wenn uns alle mitnonder d'Frösch
grad so wichtig wäret wia'd „Kröta",
bräuchtet mir uns
ums Kinderkriaga
koine Gedanka macha...

~

Z'süaß gsoffa wird sauer zahlt...

Von allem, was um oin rum isch,
jeden Tag mitnehma was geht.
Jeden Duft, jeden Ton, alle Farba,
jeden wärmenda Schtrahl, jeden küahla Hauch, jedes bissle.

Alles greifa, alles feschthalta und mit Hoim nehma,
so viel dr Kopf traga ko.

~

Und jeden Obend reich beschenkt –
selig eischlofa dürfa...

Dia zwei Früchtla
sind immer scho beinonder gwä.
Doch zwischadrin isch a Blatt gwachsa,
wo ihne d'Sicht voschtellt hat.

Jetzt, wo se leuchtend rot, prall, saftich und voller Süße waret,
wär's an dr Zeit gwä,
dass se sich ihre Liebe geschtehet.

Aber scho hab i se gnomma, voller Freid,
hab des Pärle glei in Mund gschoba
und gessa – genossa.

Dia zwei Breschtling hent koi Zeit mehr ghett,
dass se sich ebbes saget.
Sie hent sich bloß no oguggt
und in oinra Sekund war alles gschwätzt...

Wer d'Rosaknöpf beim Aufschpringa lacha hört
und d'Schmetterling, wia se mitnonder disslet.

Wem sei Phantasie tanzt wia an Sonnaschtrahl
auf ma Blatt Papier –
wem sein Geischt leichter wird mit jedem neua Dag.

Wem in jedem Windhauch Vogelliadla sitza
und wer an Regaboga mit offne Händ hoimtraga ko.

Wer d'Engel aus alle Wolka falla sieht –
in dem lebt a Schtück vom Paradies...

Je weiter weg von dahoim –

je näher kommet d'Erinnerunga.

~

S'lässt sich vor Allem drvo laufa –

bloß net vor sich selber…

Gwitter reiniget d'Luft
und
frische Luft duad guat!

~

Warum
lässt mr's dann net öfters
kracha?

Ganz leis –
nur in sich selber vosunka,
sich gnuag sei, ganz schtill.
Und dann in sich neihorcha und schtauna,
wie viel Schwingunga und Bilder,
Gedanka und Meglichkeita in oim drin sind,
von dene mr vor lauter „lass mi au mit“
seither no nia ebbes gmerkt hat.

Ganz leis –
für sich bhalta,
sich hälinga freua,
dass mr innadrin doch net so leer isch…

Zwischa
Dag und Nacht,
zwischa Saat und Ernte,
zwischa Ofang und End
liegt die Zeit –

und ohne Zeit ko gar nix reifa…

Allaweil
saua und schpringa,
flitza und hopfa,
hudla und grubla,
schaffa und wuahla –
nia koi Zeit

und wenn –
no pressiert's...

Unterm Himmelszelt liega,
Pinselschtrich aus Sonnafäda
auf dr salziga Haut schpiela lassa,
de Gedanka wia auf sanfte Wella Raum zum Schpiela geba
und Schtunda schpäter,
vollgsaugt mit Licht und Zfriedaheit,
im herrlicha Abendlicht voschlupfa –

... Sommer !

Was wär's Leba,
wenn's koine Träume geba däd,
koine Wünsche, koine Hoffnunga?

S'Leba wär übervoll –
und doch so leer...

Irgendwann, saget se,
däd unser Sonne verglüha
und alles däd zu Schtaub zerfalla.

Bis dortno, saget se,
sei no lang Zeit.

Und bis soweit isch – machet mir halt so weiter...

Tausendmol in d'Welt guggt und nia ebbes gseh,
tausendmol dr Mund aufgmacht, nia ebbes gsa,
tausenmol aufgwacht und onnaweg gschlofa.

So geht's im Leba,
wenn mr net über sein Schatta schpringa ko...

Unter Milliona isch in dr Natur
kois tupfagleich –
des isch ganz normale Voschwendung…

~

Unter dr Sonn isch Platz für alle Kinder…

Ganz früah, wenn an jedem Halm schwere Perla hänget,
sich dr warme Mittag scho ahnungsvoll in Schatta legt
und d'Welt no a paar Mol tief Luft holt –

no ganz früah, wenn alles schtill isch,
ko mr mit zuane Auga fühla,
wia sich ringsrum d'Vollkommaheit schpiegelt...

Vom Weniga s'Geringschte,
vom Kloinschta a Fitzele,
vom Zarteschta an Hauch,
von Nix a Nixle –

ko so viel sei,

wenn mr's in sich neilassa duad…

Tautropfenglitzern –

...gesammelter Atem der Nacht,

kühlende Morgengabe des windstillen Erwachens,

erfrischendes Fussbett des neuen Tages,

diamantener Hauch der Vergänglichkeit...

A Bett aus Rosa baua
und d'Schtern vom Himmel hola –

s'Blaue vom Himmel voschprecha
und d'Welt zu Füßa lega –

aus Wunschträum Schlösser errichta
und dr Tag scho vor'm Obend loba.

Alles isch meglich –
alles...

Dass alle Weg nach Rom führet,
des schwätzt mr so raus.

Dass viele Weg zum Glück führet,
saget se au.

Doch wer sich net auf dr Weg macht,
der kommt weder nach Rom
noch zu seim Glück...

So viel Sacha um oin rum sind winzig und kloi,
uscheinbar und alltäglich,
dass mr sich koin Kopf macht,
se oifach übersieht und ohne Rücksicht drüberläuft.

~

Doch s'mag ebbes no so kloi und uscheinbar sei
und au auf dr zweite Blick koin Wert haba –
so isch's onnaweg niemols gering…

Die schönschte Schtunda
vogehet wia im Flug
und wer se mit Gwalt feschthalta will,
dem schlupfet se wia Sand durch'd Finger.

Doch in dr Erinnerung
lebet se ewig fort…

Blätterleuchta...
Früchtelacha...
Wälderglüha...
Farbafließa...
Erntereifa...
Glückvoschwenda...

~

...Herbscht !

Zur
Ruah komma, ohalta,
Luft hola, voschnaufa.

Abschalta, d'Seele baumla lassa –
oifach mol nix do
und in sich selber Halt finda –

wär so leicht,
wenn's bloß oifacher wär...

So lang mr träuma ko isch alles so leicht,
so lang mr Phantasie hat, isch alles zum Greifa nah,
so lang mr Mut hat, trägt oin alles weiter,
so lang mr Hoffnung hat, isch nix z'schwer.

So lang mr noch aus sich raus ko –
so lang isch Leba in oim...

Oh,
wia könnt doch alles so schö sei,
wia könnt mr net jeden Tag,
ja jeden Augablick auskoschta und genießa.

Wia könnt alles so oifach sei,
wenn mr sich net selber immer
im Weg schteh däd...

~

Isch dr Dag net dein Freind – no isch'r dein Lehrer...

S'gibt ebbes, des isch selta worda,
des isch scho fascht a Rarität,
des isch, wenn oiner heut und morga,
bei Guat und Böse zu dr schteht.

A Freindschaft wird im Herz gebora,
wächst net im Maga, net im Kopf
und wer sei Herz net öffna ko,
der bleibt ganz gwiß a armer Tropf.

A echte Freindschaft will was heißa,
drum schpitz dei Ohra und hör zu:
I ko mi ehrlich glücklich preisa,
weil i an Freind hab - so wia du!

Wann isch mr reif?

Wenn mr nimme weina und nimme lacha ko?
Wenn oim s'Herz zu ma harta Klumpa wird
und mr koi Regung mehr schpüra ko?
Wenn mr ohne Worte nix mehr zum Saga hat
und ohne Geld nix Guat's mehr do ko?
Wenn mr mit geballte Fäuscht beta
und seim Gwissa an Fuaßtritt geba muass?

Wenn mr allen Gruscht hinter sich werfa ko,
no isch mr reif für dr Tod –
oder erscht recht fürs Leba…

So isch dr Mensch,
dass'r sich bsonders guate Tropfa
nur für bsondre Oläss aufhebt
und hintanum schtellt.

Bloß kommet solche bsondre Oläss
meischt gar net und wenn doch,
no isch au dr beschte Tropfa
scho längscht hintanum...

S'wär
jo net so, als dass mr koi Zeit hätt –

s'isch halt so,
dass mr nix Gscheit's drmit ofängt...

Und mag au dia oigene Welt

no so kloi sei –

selber isch mr doch

dr Gröschte drin…

Wia'n Sonnaschtrahl, der oim –
noch im Schloof – auf de Augalider bitzelt;

wia'n warma Hauch, der mir –
bloß vom Drodenka – über d'Bäckla schtreichelt;

wia a heiße Quelle, die mi –
au wenn i weit weg bin – mit Hitz durchdringt;

wia'n hella Schtern in meim Innra –

so bisch du…

In dr Natur

wird mr selta Lehrling finda –

jeder isch Meischter…

So viele Falta,
so harte Haut,
bei Wind und Wetter
alles ausghalta,
Laschta traga
und viel Frucht bracht.

Viele ernährt
und viele geborga,
immer schtark gwä
und doch an weicha Kern...

Wer
an ma ganz normala Tag,
ohne dass irgendebbes bsonders wär,
oifach glücklich sei ko,
der erkennt,
dass jeder ganz normale Tag alloi
s'gröschte Gschenk isch...

Ach ja –
mr sott Gedanka lesa könna!

Aber dädet dann womeglich
d'Hintergedanka im Vordergrund schteh?

~

Des, was mr sich net zu saga hat,
wird meischtens au no voschwiega...

Wer däd sich,
wenn'r frei wia an Vogel aufschteiga
und über allem schweba könnt,
noch in seinra irdischa Beschränktheit niederlassa…

~

In höhere Gefilde wird Geischt und Seele satt,
aber zum Essa muass mr wieder an dr Tisch…

Hoimet isch,
wo scho d'Träna
beim Ade-Saga a bissle
nach Zrückkomma schmecket...

~

In Gedanka blühet oim jeden Tag dia schönschte Rosa...

„S'isch alles bloß a Weile schö..."
heißt's im Volksmund.
Dabei könnt's doch eigentlich viel länger schö sei
wia bloß a Weile.

Doch i glaub, des wär nix für uns –
des wäret mir oifach net gwöhnt...

Manche saget, s'däd koine Wunder geba,
manche saget, mr könnt's net beweisa –

~

lass se schwätza...

Aus der Feder von Wilfried Albeck sind bisher auch zehn humorvolle schwäbische Mundartbücher erschienen:

... dr Schwobaseckel Band I	*ISBN 3-9806999-1-9*
... dr Schwobaseckel Band II	*ISBN 3-9806999-0-0*
... dr Schwobaseckel Band III	*ISBN 3-9806999-2-7*
... Rotzböbbela	*ISBN 3-9806999-3-5*
... Saitawürschtla	*ISBN 3-9806999-4-3*
... Betthupferla	*ISBN 3-9806999-5-1*
... Gedanka-Breggela	*ISBN 3-9806999-6-X*
... auf dr Sau naus !	*ISBN 3-9806999-7-8*
... Schwäbische Sketch-Parade	*ISBN 3-9806999-8-6*
... no nix Narret's !	*ISBN 3-9806999-9-4*

Dieser Bildband ist unter der ISBN-Nr. 978-3-9811495-1-7 auch in hochdeutscher Ausgabe erschienen.

Impressum

Texte: Wilfried Albeck, Flein
Fotografien: Dieter Schweizer, Obersulm
Bearbeitung: Sonja Albeck, Flein
Druck: Gulde-Druck, Tübingen
Erschienen im: Verlag Albeck, Flein

Kirchgasse 14, 74223 Flein
Fax: 07131/572661
www.saitenwurscht.de

ISBN 978-3-9811495-0-0